当代中华诗词名家精品集

杨天石／卷

中华诗词研究院 编

中国青年出版社

图书在版编目（CIP）数据

当代中华诗词名家精品集·杨天石卷／杨天石著．
中华诗词研究院编——北京：
中国青年出版社，2014.7
ISBN 978—7—5153—2590—3
Ⅰ．①当… Ⅱ．①杨…②中… Ⅲ．
①诗词－作品集—中国—当代 Ⅳ．①I227
中国版本图书馆 CIP 数据核字（2014）第 172189 号

责任编辑：彭明榜
丛书题签：霍松林
书籍设计：孙初＋林业

中国青年出版社出版发行
社址：北京东四 12 条 21 号
邮政编码：100708
网址：www.cyp.com.cn
编辑部电话：(010) 57350506
门市部电话： (010) 57350370
北京科信印刷有限公司印刷　　新华书店经销

700mm×1000mm　1/16　7 印张　60 千字
2015 年 1 月北京第 1 版　2015 年 1 月北京第 1 次印刷
定价：20.00 元

《当代中华诗词名家精品集》出版说明

为弘扬中华诗词文化，促进当代中华诗词优秀作品的传播和交流，值此中华诗词研究院成立三周年之际，特编辑、出版《当代中华诗词名家精品集》丛书，以期为广大读者提供优秀的当代诗词读本。

《当代中华诗词名家精品集》的作者为中华诗词研究院顾问，他们是当代诗词名家、大家。每卷收录作者自选代表性作品一百首以内，注重艺术性、当代性，且能反映诗人的艺术风格和创作面貌。经过近一年的约稿、审订、编校等紧张工作，《当代中华诗词名家精品集》（第一辑）共出版十卷，收入饶宗颐、霍松林、叶嘉莹、刘征、程毅中、梁东、周笃文、杨天石、白少帆、赵仁珪十家。

我们期冀通过《当代中华诗词名家精品集》的出版，为读者提供一份精美的精神食粮，发挥诗词名家对当代诗词创作与研究的引领作用，展现中华诗词的当代魅力。

中华诗词研究院

二零一四年七月

自序

年轻的时候就喜欢诗，特别是中国的古诗。有些诗，只读过一两遍，从未蓄意记诵，但过目不忘，一直到望八之年，垂垂老矣，居然还能够背诵若干首。这就是中国古诗的魅力所在吧！

不过，那时候，虽然喜欢旧诗，但自己动笔时，还是写新诗，即所谓白话诗。记得一九五二年考高中，无锡市统考，我居然利用语文卷的试题，写了首长诗，还得了高分。一九五三年，上高中二年级，生了一段病，读戈宝权翻译的《普希金文集》，继而读《莱蒙托夫诗选》，也很喜欢。此后便和几位同学一起组织鲁迅文学小组。正是对诗的爱好，使我放弃了想当工程师、当数学家的理想，决定学文，当文学家，当诗人。那时候，年轻气盛，不知道天高地厚，幻想自己在未来诗坛上将如何、如何。不仅自己写，还喜欢上了朗诵新诗。

不仅在学校里，还居然有勇气在无锡市的人民大会堂演出过。一九五五年，我考入北京大学中文系。一入校，学生社团北大诗社正在发展新社员。我寄去了两首诗，一首题名《我走了，故乡》，一首题名《让我再看看你露水般的眼睛》。诗社的社长来找我，夸奖诗写得好，接受我入社，并称，诗将在新一期的《北大诗刊》上发表。我当然很高兴。然而，刊物出来了，我的诗作并未发表，社长告诉我，诗经过“校团委”审查，认为感情不健康。我反复自思，觉得没有什么不健康，曾将诗拿到诗社的一次分组会上讨论，大家也不认为有什么不健康。不过，从此我就失去了将诗作送出去发表的勇气。诗，虽然还在写着，记得写过一首长诗《关于黄河》，还曾根据宜兴的民间传说，写过叙事长诗《鸭妹花》。

在北大五年，读中外文学史，自然读了不少中外文学作品。中国诗歌，从《诗经》《楚辞》到汉代乐府，都是认真读过的。明人张溥的《汉魏百三名家集》等也是一卷一卷读过的。不过，我当时的兴趣已经从当作家、当诗人转为研究唐诗，想找寻唐诗发展、繁荣，成为中国古典文学高峰的原因，于是大量收罗唐人诗集，从初唐四杰一直到晚唐的皮日休、陆龟蒙的诗集，我几乎都从旧书摊上买到了，而且也几乎都读过。有一年，王力教授为我们讲授《汉语诗律学》，不过，那时已经进入“教育革命”年代，教授们，特别是有成就的名教授们都被视为“白旗”，他们的课，我们只是听听，不用考试，因此并不重视，也就没有好好学。一九五八年以后，我的全部身心都投入选注《近代诗选》，选录从龚自珍到柳亚子等南社诗人的诗作并注解。诗是读了不少，不过目的在于选诗、注诗，并不研究如何做诗。诗早就不写了。大跃进年代，号召人人写诗，我却一首诗也写不出。

那一时期，我之所以不写诗，原因很多，其一在于我对中国诗歌发展道路的反思。

“五四”以后，新诗流行，这种诗，打破中国古典诗词的格律束缚，加强了自由度，同时，以白话、口语写作，使诗歌语言和生活语言相接近。这样，在表现新时代、新生活，表达新思想、新感情方面有其优越性，也产生了一些好诗，以个人所见，郭沫若、艾青、臧克家、贺敬之、闻捷、公刘等人，都有一些诗写得不错，我个人很喜欢，但是，像中国古典诗歌一样具有长盛不衰的艺术魅力，便于记忆，便于吟诵，已经进入中国人精神世界的艺术珍品，确实不多。我至今一首白话新诗都背不出来。为何？

多年以前，我曾经写过一篇小文《新诗发展的忧思》，指出新诗发展中的几个“脱离”现象：一是脱离中国古典诗歌的艺术传统，二是脱离诗歌创作的艺术规律。在我看来，诗词创作，贵在创造意境，高度精炼，而且要有格律，有节奏，富于音乐性。这是中国古典诗词的共同特征，也是其艺术魅力奥秘所在。“五四”以后的新诗恰恰丢掉了这两个特征，相反，却过于散漫，形成了口语化、散文化的新特征。其结果是使诗的语言和一般的文学语言没有区别。没有区别的结果也就使诗不成为诗，其艺术魅力也就大为减色了。

我恢复写诗是在一九九八年进入中央文史研究馆之后。

这里的馆员大部分能写旧体诗，我有了几位诗友，而且有一个发表旧体诗的园地《诗书画》，我忝列编委。于是，我在全力治史之余，偶尔也写点旧体诗。

写旧体诗，首先碰到一个格律问题。诗缘于情，情动于中，发之于声，于是便有了诗和歌。最初的时候，诗可能并没有格律，特别是固定的格律。格律是在诗歌发展中逐渐形成的。它可以使诗的语言更富于音乐美，节奏铿锵，音调和谐，但是，它又是可变的、发展的，中国的诗歌，由古体而近体，由四言而五言，而七言，而长短句，由诗而词，而散曲，都是格律不断变化发展的结果。因此，做旧体诗，格律不可不讲。但是，诗首先必须是诗，有无诗情、诗意，能否以精炼的语言创造出鲜明、隽永的意境，即所谓诗情画意来，这是第一位的。是否符合格律，这是第二位的。鉴于旧体诗词格律过严，束缚思想，影响表现力量，因此，我赞成写旧体诗词时，对旧格律可以适当突破。二零零二年，中央文史研究馆决定出版馆员诗词集《缀英集》，我受命担任编选小组召集人。当时，我即提出，入选作品必须大体符合格律，但不以精严为准。这就是说，只要是诗，偶有破律、违律，在所不究。毛泽东的七绝《题庐山仙人洞照》有句云“乱云飞渡仍从容”，末三字均为平声，属于近体诗大忌的所谓“三平调”，但该诗仍不失为好诗、妙诗。有些作者，要求用韵必须严格以“平水韵”为准，我一向不赞成。我们生活在二十至二十一世纪的今日，语音已经有了很大变化。谁能说出一“东”和二“冬”之间的实际语音差别？当时属于同一韵部的字，今天读起来有的已经大不相同，出了韵了。写诗是为了给今人阅读或吟诵，不是在铸造古色古香的假古董，何必以宋元之际的语音写作？

二零零零年七月，中央文史研究馆在北京八达岭召开诗词创作座谈会，涉及诗情、诗意、诗境、诗语、诗韵等各方面的问题。我在会上做了个发言，主张百花齐放，实行古人所称之“万物并育而不相害，道并行而不相悖”。喜欢格律诗的人，自可继续写格律诗：不喜欢旧格律，可以创造新格律（我在北大时的老师林庚教授就提倡过“九言体”）；也可以继续写不受任何格律束缚的自由诗。但是，我更提倡打破“五四”以来“新诗”与“旧诗”互相隔绝、分道扬镳的壁垒，主张新旧交融，互相吸收，取优避短，别创新声。鲁迅曾经说过：“诗须有形式，要易记，易懂，动听，但格式不要太严。要有韵，但不必依旧诗韵，只要顺口就好。”又曾说过：“新诗先要有节调，押大致相近的韵，给大家容易记，又顺口，唱得出来。”当时，我曾特别提倡写作“半新半旧”的“解放”诗词。我说：

此类作品，从古典诗词脱化而来，讲求意境，语言凝练，按照现代的北京话押韵，句子长长短短，三、四、五、六、七言夹杂，甚至句子更长一点也可以，但是，必须有节奏，有音乐性。它可以讲平仄，也可以不讲；可以有对仗，也可以没有。在某些方面，它类似于古典诗歌中的“杂言体”，更类似于宋明时代的词和散曲，但是，却不必受词谱和曲牌的严格约束。这样的“长短句”（今人或称“自度曲”），伸缩自如，变化而又整齐，自由而又有格律。

朗诵可，吟咏可，入乐歌唱亦可。它既便于表现新时代、新事物、新思想，又保留了中国古典诗词的主要特点。

我并举例说，清末的黄遵宪、民国初年的四川吴芳吉等人，都曾做过这一方面的试验，可惜，继起者不多，后续无人了。

此次中华诗词研究院出版《当代中华诗词名家精品集》，每个顾问出一集，限选百首左右。我远非“诗词名家”，多年治史，诗只是偶一为之。不过，限选百首，这很有点为难。自然，新诗、近于新诗者只好一概不取，以免淆乱体例。旧体诗中，所选者也大都循规蹈矩，谨守格律，至于我自己提倡的“解放”作品，则选得少而又少，丑媳妇羞于见人也。

编成，回想年轻时学诗、写诗时的情景，特别是那些使自己耳根发热的“宏愿”，不禁感慨系之。

二零一四年元旦改毕于北京东城之书满为患斋

目录

勉友人

何必踟蹰误路程，功夫练就好长征。
鲲鹏须展垂天翅，一望穹苍万里澄。

一九五五年

金陵访旧

古院秦淮小拱桥，白门巷陌柳萧萧。
为编一代春秋史，踏遍金陵认旧朝。

一九七七年

南来

冲出书城作远行，偷闲暂获一身轻。
南来拟借江山气，助我胸中笔墨情。

一九七九年

夜登长江大桥，忆武昌起义旧事

武昌起义，共进会与文学社共成其事。一九八一年，余来三镇，访史迹，登大桥，遥想旧事。

万里长江第一桥，天风吹我涌心潮。
两厢灯火繁星坠，一派江声战鼓遥。
共进群英诚可忆，文学众士亦堪骄。
史家珍重勤开笔，彩绘浓描写楚豪。

游东湖屈子行吟阁

行吟阁畔久沉吟，楚地来游感慨深。
莫谓当年时命蹇，文章千古有知音。

一九八一年

太湖夜航

山朦胧，水朦胧，银波万顷有无中。
月华淡，夜色浓，长宵对语两心通。

一九八四年

桂林印象

绿城

峰从平地起，树向众石生。
一夜潇潇雨，晴光满绿城。

漓江水

梦引魂牵到桂南，无边春色染人寰。
多情最是漓江水，暮暮朝朝绕碧山。

二零零一年

为人题照

玲珑颖慧玉为资，仿佛新荷出水时。
浅绘眉痕妆作淡，清纯至美最相宜。

二零零二年四月

湘鄂采风

长年治史，不弹此调久矣。二零零二年五月，有湘、鄂采风之行。山水撩人，情不能已，日夕吟哦，写成组诗。固自知粗陋，聊纪行踪云尔。

题武陵源景区

绝景人间信有之，惊心动魄看山时。
清幽壮野难描说，信是中原少此奇。

重游张家界

又向山中走一程，云烟依旧鬓颜更。
滔滔往事如潮起，涧水诗情两共增。

对语山灵

往昔我来日，
翩翩方自傲；
今我来游时，
羸弱渐衰老。

我见山灵，
郁郁苍苍青春盛；
山灵见我，
鬓斑发白如枯草。

我向山灵诉苦经：
世事多乖，命运多蹇，
多少流光蹉跎了。

山灵劝我要达观：
众皆历劫，汝之磨难，
比起他人要算小。

我谓山灵，来日苦短，
事如积薪与日增，虽勤难周到。
山灵谓我，量力而为，
做得一分是一分，切莫自烦恼。
我祝山灵青春、靓丽、温存常如斯，
山灵祝我晚晴为霞，
诸般烦恼、折腾、灾难，自此一帚扫。

二零零二年

嘲雾中山

云遮雾锁面，三日难相认。
妖娆绝色女，作意不见人？

夜宿琵琶溪

窗外山溪雨后盈，喷珠溅玉自喧腾。
夜色沉沉人不寐，静里长贪听水声。

访王村

王村，湘西古镇，因电影《芙蓉镇》而闻名，片中有痞子，得“运动”之利，拨乱反正后精神失常，尝鸣锣于市曰：“又运动了！”今入村，见家家悬红灯，土家妇女亦颇有作时世装者。

湘西古镇有王村，户户红灯喜气殷。
运动锣声今已歇，新潮时尚入眉痕。

途中

山色朦胧美，湖光澈底妍。
车行盘曲路，转首到街前。

山居

烟云缥缈任徘徊，遥岭多情入户来。
丽句清词如浪涌，山灵借我九江才。

入苗寨

郁郁丛林岭下村，声声唢呐喜迎人。
苗家少女含情阻，不唱山歌莫入门。

访沅陵张学良将军幽居处

幽居暂住凤凰山，万里思乡只梦还。
慷慨空怀歼寇志，鹧鸪声里步江滩。

桃源县漫步

一瞬千年感岁华，桃花源外尽商家。
新风古邑人间异，座座排排是网吧。

游黄石寨

不到黄石寨，难知造化功。
山作万般状，峰似海波隆。
纷纷春笋出，满目皆葱葱。
或如剑戟立，森然插苍穹；
或如定海柱，屹立风涛中。
恍若狮虎跳，顿成云里龙。
鹰飞鹏展翅，猿啸鹿走峒。
仿佛阅兵礼，列队竞逞雄。
又似选美赛，各自显芳容。
处处叹佳绝，浩气满心胸。

土家歌手

银饰辉煌五彩裳，歌声臬臬越前冈。
山歌好比长流水，唱罢湘江又澧江。

过昭君村

车过名村竟未停，香溪只见水青青。
美人已逝山川在，嘉木成荫绿意盈。

登神农架

神农架上自彷徨，思绪茫茫返大荒。
不晓野人何处觅？杜鹃花放满山梁。

神农顶纵目

华中纵目第一峰，万壑阴晴各不同。
到此群山方觉矮，绵延起降舞苍龙。

内蒙游

二零零二年六月十七日至十九日，应内蒙古大学齐木尔道尔吉教授之邀，前往主持研究生答辩；事毕，又承白拉都格其教授及乌力吉先生陪同，驱车作千里之游。

蒙族宴席

蒙俗，主人以哈达及银碗献酒，男女青年唱歌相劝，客人接碗，以手指撮滴酒，向上下及前额挥弹，以示敬天、敬地、敬先祖之意，然后一饮尽之。

哈达如雪银碗光，长歌劝酒酒飘香。
敬天敬地敬先祖，豪饮一杯彩满堂。

车过大青山，听白拉都格其教授谈抗日史事

当年出没此山间，国共同仇战日顽。

能护家园芳草绿，糜躯碎骨亦心甘。

听其其格唱歌

其其格，取蒙语花儿之意，伊金霍洛旗人，为成吉思汗守陵人之后裔，能歌善饮，出口成歌。

确是伊旗美秀花，歌声脆亮震云霞。

远方贵客勤用酒，温馨蒙包胜尔家。

山庄晚宴

席上，某女史起句云“以茶代酒情意浓”，命续成之，略改其句，成一绝。

酽茶代酒意弥浓，话到知心语未穷。
日饮愿能三百杯，茶香永馨对花红。

二零零二年

参加中日战争研讨会有感

二零零二年六月，美国哈佛大学举行中日战争研讨会，出席人员中，有中日两国学者二十余人。

曩时对阵两相分，同座而今共论文。

武战何如文战好，鹅湖辨难为求真。

题新泽西州小苏州菜馆并呈邹达先生

古寺钟声耳际扬，姑苏风味美东尝。
吴侬软语声声醉，几信他乡是故乡。

二零零二年

福建行

武夷放筏

筏放清溪缓缓行，长篙点碎水晶屏。
云飘峻岭随风舞，鸟隐幽林婉转鸣。

题隐屏峰

武夷有奇景，最奇在隐屏。
峰如单刀削，山是块石成。
坦荡真如砥，方直恰有棱。
我来惊鬼斧，奥妙莫能明。
所愿效此山，立德永不更。

玉女峰遐思

玉女峰侧为大王峰，玉女娟秀，大王英武，两峰遥遥相对。

袅袅婷婷玉女峰，嶙嶙瘦骨懒为容。
总因相慕羞言语，寂寞千年终未通。

山中豪雨

急雨横流漫绿苔，飞泉处处浪花开。
溪声胜似雷声壮，万壑千岩滚滚来。

二零零二年八月

海南之旅

题海瑞墓

墓在海口，“文革”中曾毁于红卫兵。

海公竟何辜，遭此毁墓苦！
尸骨暴烈日，为状惨难睹。
生前骂皇帝，尚可恕其忤；
安眠数百载，反受狂徒侮。
吁嗟专制威，今何胜于古！
拜墓忆往事，“左祸”猛于虎。
浩劫虽已逝，殷鉴不可捂。

二零零二年

南海观潮

阵阵涛声急鼓擂，雄兵百万待合围。
白盔白甲排墙进，不占滩头永不归。

二零零二年

走山西

参观阎锡山旧居

往日繁华转瞬空，唯余院落尚重重。
民国多少刀兵劫，酿在堂前密晤中。

二零零三年五月

访永济普救寺，莺莺故事发生地也

佳话西厢有妙文，流传轶事竟成真。
赚来无数痴儿女，携手双双拜庙门。

二零零三年五月

登鹳雀楼

远道来登鹳雀楼，中州气象眼前收。
长河似带飘原野，山势如龙卧绿洲。

二零零三年五月

游吉林净月潭

传说，净月潭与日月潭，为天上仙女的两滴泪。

天上仙女两滴泪，化作人间两湖水。
一在东北一东南，共增神州风光美。
两水远隔本同源，丽质亭亭亲姊妹。
我愿携水互挹注，两美相融长相辉。
待得两岸团圆日，仙女定当喜泪飞。
九州各县县有潭，绿波处处明且媚。

二零零三年八月六日

访农安县

农安，即古之黄龙。岳飞与金兵大战时，曾与诸将相约，痛饮黄龙。

巍然辽塔在，今日到黄龙。
杯酒何妨尽，神州喜大同。

二零零三年八月八日

贺《炎黄春秋》杜导正同志八十大寿

君似山颠不老松，劲枝铁干傲苍穹。
盈胸正气浩然在，任尔长天起暴风。

二零零三年九月三十日

云南观光

洱海

平铺万顷碧琉璃，照彻人间美与媸。
上帝欲知人世事，故将巨耳化清池。

西双版纳少女

少女多情数傣家，阿娜身段尽人夸。
长裙飘曳荷包艳，鬓后斜插五彩花。

二零零三年十月至十一月

夏威夷海上

海上漫游正快哉，水天无际画图开。
游人齐指惊呼处，遥看长鲸出水来。

二零零四年一月

赠哈佛大学傅高义教授

代参加夏威夷中日战争讨论会的全体中国学者作。

哈佛有高义，讲坛一代宗。
学兼中日美，足遍南北东。
真正亚洲迷，地道中国通。
愿君多珍摄，寿比南山松。

二零零四年一月

台湾选举有感赠友人

公理宁甘唤不回？岂能民意尽成灰！
相期众志成城日，买醉长街听鼓擂。

二零零四年三月至五月

访德记游

访波恩贝多芬纪念馆，过时不得入

远行万里拜斯人，铁锁无情竟闭门。
惆怅莱茵河畔坐，天西漫看火烧云。

访德国特里尔马克思故居

愿求世界变天堂，理念昔曾震万方。
留得小街遗址在，摩挲旧迹认门墙。

二零零四年六月

皖浙行

登黄山

萦回山径入葱茏，怪岭奇松看未穷。
欲问此山绝险处，云端飘渺上莲峰。

二零零四年十月

浙西北道中

清风送爽下杭州，稻穗沉沉好个秋。
美景浙西新视点，农家户户小洋楼。

二零零四年十月

题杭州

青山笼翠桂香秋，旖旎湖光水似绸。
日暖风酥人语软，此乡端恰是温柔。

二零零四年十月

贵州吟

山行

不觉崎岖径路艰，只缘贪看贵州山。
平生已惯颠簸苦，大趣常存过险关。

织金洞有感

童童山外了无奇，洞壑山中变万姿。
想象世间高智者，貌平内慧或如之。

二零零四年十月

生日自嘲赠上海施宣圆兄

华发飘萧已满颠，童心未改壮心迁。
聊拨雾霭观丘壑，漫卷风涛入史篇。

二零零五年

四川采风

九寨沟

谁泼彩墨化清溪，浅绿深蓝各展姿。
最喜珍珠飞瀑雨，蒙蒙润面扑人衣。

谒杜甫草堂

杜甫祠堂万竹森，劲枝铁叶上干云。
华夏世代称诗圣，锦绣文章爱国忱。

登青城山

潇潇细雨上青城，但见云从脚下生。
勤奏仙音酬远客，前山隐听管弦声。

金顶远眺

此是峨嵋最上层，茫茫雾海怒涛生。
群山似舸波中涌，只待长风竞远程。

二零零五年六月

无锡母校同学会

分手五十载，相约母校行。
依稀辨旧貌，恍忽忆姓名。
白首惊相看，乡音满耳盈。
外号脱口叫，趣事说来清。
青春报国志，垂老天下情。
絮谈夜继日，不觉又天明。

二零零五年十月

有感

荣枯得失总尘轻，尔自滔滔我自行。
直笔难能千载贵，文章留与后人评。

二零零六年

重有感，依前韵

因风立论世人轻，下笔何须看市情。
但企真知传宇内，宁甘俯首竞浮名。

二零零六年

三访胡佛研究所

又渡重洋作远游，老来尚似少年俦。
穷搜秘档求真相，不到河源兴未休。

二零零六年三月二十四日

贵州采风

娄山关忆彭德怀

只有很少人知道，娄山关战役的指挥者是彭德怀，感而有作。

峭壁悬崖窄线通，娄山险隘古称雄。
浩浩劲旅从兹越，应为将军论首功。

访茅台镇

赤水粼粼映日光，黔山秀气化琼浆。
曲都未到人先醉，阵阵飘来是酒香。

梦旧事，得句，醒后足成之

已是斜阳晚景身，梦中依旧少年人。
前尘往影青春事，幻境虚无喜再温。

又成一首

梦境迷离少小时，晨兴怅见满头丝。
韶华逝水难追复，只望树成果满枝。

题野店

崖畔河边野店家，停车小憩品新茶。
山风阵阵驱炎气，闲看中流泛水花。

赤水风景

绿径弯弯入岭深，丹崖片片火烧痕。
层层梯瀑迎宾雨，竞为游人洗旅尘。

二零零六年

题溪口蒋氏遗址

文昌高阁枕清流，老树依然傍小楼。

大浪淘沙人已远，史家功过论难休。

上海漫兴

神州活力各争先，灯影浦江倍堪怜。
万有群生咸奋志，高楼座座上云天。

二零零六年九月

参观汉城韩国战争纪念馆感赋

纷纷韩战是耶非，深锁疑云入黑围。
不有史家如炬眼，焉能暗夜见清晖？

二零零六年十月

富士山之秋

白玉妆成沐小风，轻纱卸却见真容。

天蓝水碧枫林赤，绝景东瀛数此峰。

二零零六年十一月

下笔

下笔常逢掷笔时，个中滋味几人知？
平生最苦难言语，阻断春蚕肚里丝。

二零零七年

石库门酒家由上海分设京华，诗以赠之

纷纷瑞雪报冬初，小饮惟思酒半壶。
借问佳肴何处觅？翠明馆里嫩鲥鱼。

二零零七年一月二十日

题临湖轩，忆马寅初校长

玉兰两树竞华枝，绰约迎风正盛时。
塔影湖光长旖旎，斯人已去久沉思。

二零零七年四月

游北京植物园偶想

朝看云霞漫煮茶，松涛晚听数归鸦。
此身愿住西山老，不写文章只赏花。

二零零七年五月一日

访金山

一九三七年淞沪之战，我军浴血奋战三个月，敌不得逞，改自金山卫登陆，我军遂溃。

弹烟血雨战旗红，誓保山河作鬼雄。
可叹倭军从背袭，长留大恨海隅东。

二零零七年六月

澳洲道中

域外风情最诱人，万花竞艳各缤纷。
百年过半洲游四，最爱江南细雨春。

二零零七年六月

“百年过半洲游四”：借黄遵宪句。

走山东

趵突泉默祷

水澈池清映碧空，喷珠涌雪玉玲珑。
诗情我祝通斯水，汩汩深泉永不穷。

二零零八年四月

泰山纪游

放眼遥望辨众峰，云生转瞬失西东。
梵音处处都传遍，喜听前山雾里钟。

二零零八年四月

刘公岛凭吊

甲午海战，提督丁汝昌困于岛内，服毒自裁，诗以悼之。

陡起乌云隐落晖，刘公岛上下龙旗。
将军赴死全忠义，不作降书献日夷！

二零零八年四月

浙东之旅

阳春

阳春三度水乡游，胜景常惊世罕俦。
美艳西湖能悦我，怡情最应住杭州。

二零零八年五月

题永嘉情侣峰

亭亭并立双峰，相亲相敬相容。
暴雨罡风同抗，天荒地老情浓。
不疏不离不弃，共苦共甘共荣。
世上仅此一山，人间难觅双重。
寄语热恋男女，何妨到此证同？

二零零八年五月

题永嘉剪刀峰

何来利剪立苍茫，造物多情美意藏。
巧断云霞天上锦，人间好作女儿妆。

二零零八年五月

访永嘉丽水古村

门前水到必成溪，户户临流可浣衣。
岸柳轻摇河底绿，渔歌唱罢彩云移。

二零零八年五月

赞婺源

蓝天碧水，黑瓦白墙。
青山滴翠，绿草流光。
歙砚玉润，婺茶醇香。
文公故里，翰墨留芳。

二零零八年九月

再登庐山

昔上庐峰未有诗，愧对山灵再来时。
全因至美难言说，下笔踌躇怯遣词。

二零零八年九月

嵩山谈禅

挤得馀生数日闲，谈禅论道访嵩山。
苍生在念难无语，面壁长修意未甘。

二零零九年四月末

晚岁

老去思闲未肯闲，勤钩史迹笔波翻。
天公假我三十载，笑看沉沙大海蓝。

二零零九年五月二十九日

夜抵苏州

扶疏花木掩层楼，软语吴娃启脆喉。
竞彩霓虹波影里，迷离夜色到苏州。

二零零九年六月三日

偶感

画鬼描神皆不难，全凭粉黛色斑斓。
清容端赖南湖水，洗尽丹铅是本颜。

二零零九年六月四日

黄鹤楼

登楼顿觉楚天低，万里长江望眼迷。
帘卷潇湘迎两粤，窗开众岳似观棋。

二零一零年

无锡小虹霓桥有忆

不见虹霓照影桥，如烟往事梦中遥。
常怀秀辫江南女，手舞红灯意最娇。

二零一一年二月

记得

记得髫年敬岳飞，精忠报国仰光辉。
而今齿豁垂垂老，犹梦沙场斩寇归。

二零一一年三月二十六日

访故里

七十年来景物非，街头尚记鲤鱼肥。
儿时旧迹难寻找，剩有乡风扑面吹。

二零一一年三月二十七日

再游浙江

访黄公望隐居地

泉流万壑响琤瑽，绿树青山沐晚风。
草屋三椽人不在，白云入户雨蒙蒙。

二零一一年五月二十三日

严子陵钓台

伴食君王最可忧，朝为贵客暮成囚。
何如归饮桐庐水，执钓江干任自由。

二零一一年五月二十四日

富春江舟行

惭无彩笔绘花枝，幸有灵明铸小词。

七里春江扬帆路，归来载得半船诗。

二零一一年五月二十五日

题周庄迷楼，怀南社诸子

迷楼往昔忆颠狂，痛饮长宵待曙光。

蒿目时艰多慷慨，悲歌代哭写华章。

二零一二年

元大都遗址考古

金戈铁马耀寰中，屈指当年数战雄？

百里连营凭想象，颓垣断续野花红。

二零一二年七月

金门行

自厦门渡海舟中口占

当年万炮击金门，弹雨硝烟起战尘。
但愿从兹兄弟好，虹桥永架不相分。

登金门岛古绝

入境难分外地身，初逢每似对故人。
一水虽分两世界，中华血脉总相亲。

晓起

晓起传来子规啼，山溪缓缓水声低。
当年炮战隆隆处，煦煦清风舞柳丝。

参观金门民防坑道

世上常多蜗角争，相仇相杀祸民生。
人间倘使皆亲爱，地下何须建此城。

二零一二年八月二十三日至二十六日

贺周有光先生一百零八岁大寿

过百之身有几人？沧桑阅遍性情真。
精思悉自经验出，吐语皆成锦绣文。

二零一三年一月

望春

岁尽冬残又望春，犹抛心力作文人。
何曾椽笔惊天下，聊为鸿飞记爪痕。

二零一三年一月

除夜方作《赫尔利调停国共关系》文

闭户辞闻响炮声，烟花朵朵上青云。
堪笑书生无所事，故纸陈编解旧棼。

二零一三年二月

江阴吊阎公应元

孤城浴血抗清骑，有死无生固所知。
正气长留天地永，扬刀守土想当时。

二零一三年四月